UTOPIA, SOCIEDADE E RELIGIÃO

CB045448

O SAL DA TERRA

Abbá! Pai! O Deus de Jesus é diferente
João Rezende Costa

Orar depois de Freud
Carlos Dominguez Morano

Oração sob suspeita
Juan Antonio Estrada

Satanás em baixa
Manuel Fraijó

Sexo, verdades e discurso eclesiástico
José I. González Faus

Utopia, sociedade e religião
José Mª Mardones

JOSÉ Mª MARDONES

UTOPIA, SOCIEDADE E RELIGIÃO

Tradutor:
GILMAR SAINT'CLAIR RIBEIRO

Edições Loyola

Título original:
Utopía en la sociedad neoliberal
© 1997 by Editorial Sal Terrae
ISBN: 84-293-1223-4

Revisão
Célia Regina Faria Menin
Maurício Balthazar Leal

Diagramação
Maurélio Barbosa

Edições Loyola
Rua 1822 nº 347 – Ipiranga
04216-000 São Paulo, SP
Caixa Postal 42.335
04299-970 São Paulo, SP
Fone (011) 6914-1922
Fax (011) 6163-4275
Home page e vendas: www.loyola.com.br
e-mail: loyola@ibm.net

Todos os direitos reservados. Nenhuma parte desta obra pode ser reproduzida ou transmitida por qualquer forma e/ou quaisquer meios (eletrônico ou mecânico, incluindo fotocópia e gravação) ou arquivada em qualquer sistema ou banco de dados sem permissão escrita da Editora.

ISBN: 85-15-01833-0

© EDIÇÕES LOYOLA, São Paulo, Brasil, 1999

Sumário

Introdução 7

1. O neoliberalismo, ou a contra-utopia do *status quo* 11
   1. O "fim da história" 14
   2. Globalização e mercado único 20
   3. O atrativo da utopia neoliberal 23
   4. A legitimação religiosa da utopia neoliberal 29

2. As utopias contra o fim da história 33
   1. As condições mínimas garantidas para todos ... 36
   2. A utopia da humanidade livre e justa sobre uma terra habitável 38
   3. A utopia da diferença 42
   4. Rebentos de esperança de uma mudança de civilização 46

3. Condições de possibilidade para a utopia humanizadora na sociedade neoliberal 51
1. Poderemos ser cidadãos na sociedade neoliberal? 51
2. Na sociedade neoliberal, poderemos ter fé? 55

4. Utopia, sociedade e religião 59
1. Utopia, sociedade e realidade 59
2. A ambigüidade e os perigos da utopia 63
3. A utopia e o sagrado 64
4. Critérios cristãos para julgar as utopias 65

Introdução

Propomo-nos rastrear as utopias na sociedade atual*, embora o momento não pareça especialmente propício, pois vivemos diante da sensação do fechamento de horizontes e de certo desfalecimento utópico. Encontramo-nos entre a tenacidade do predomínio neoliberal e a debilidade do pensamento pós-moderno. Em tal clima, pode crescer algo além de nostalgias, ceticismos, resignações ou desfalecimentos? Suspeitamos que a planta utópica resiste às condições ambientais mais inóspitas e continua a alentar com seu perene verdor o coração humano. A utopia pertence às condições do ser humano, e por isso sua presença não pode ser erradicada. Dizer "ser humano" é perceber a abertura de horizontes e a dilatação da mente e do coração para a amplidão. Onde existe o devaneio diurno, a imaginação e a fantasia, dá-se a capacidade para saltar sobre o que nos circunda

---

* Este texto tem sua origem numa conferência sobre o tema pronunciada no Instituto Superior de Pastoral (Semana de Pastoral, janeiro de 1996). Ela foi reelaborada e ampliada para esta publicação.

e amiúde nos aprisiona. O ser humano rompe as amarras de seus múltiplos cepos e ferrolhos mediante essa capacidade de superar o que é dado e expandir-se para o aberto. Aqui reside o maior perigo desse ser, descontente com o que tem e sempre disposto a desejar, imaginar e tentar viver de maneira diferente. Nesta altura da história, porém, não acreditamos facilmente em essencialismos nem em "dimensões constitutivas do ser humano". Ficamos mais convencidos com a prova da presença utópica, pelas ruas, do social e do cultural. Este é o caminho pelo qual queremos transitar: sair à realidade de nosso tempo e, apesar das aparências, descobrir a presença deambulante da utopia. Ser capazes de desvelar seu rosto escondido entre as dobras de um disfarce ou as sombras do predomínio do óbvio.

Vamos tratar de indicar a presença do rosto utópico em um momento de declarado predomínio neoconservador ou neoliberal, quando parece ser clara a entronização daquilo que existe e não se observa nenhum contendor no horizonte. A utopia realmente existe? Ou terá morrido asfixiada pelas mãos do "pensamento único"?

Nossa resposta será negativa. A utopia é uma planta persistente. Vamos encontrar a prova saindo para a realidade e descobrindo-a. Inclusive dando-nos conta de que, por trás do pensamento neoconservador ou neoliberal predominante, a utopia está latente: o rosto contrafeito e disforme que quer, enfeitado e à força de uma plástica, apresentar-se como a utopia definitiva.

Esse paradoxo do momento atual tem de nos servir como indicador e diagnóstico da época: a utopia nem morreu nem desapareceu; está querendo ser integrada ao sistema, experimentando a tentação da domesticação e da circunscrição aos limites do dado. Uma tentativa que não é nova, mas que tem atualmente o atrativo de oferecer a plausibilidade da não-existência de alternativas ou do paralisante "qualquer outra coisa é ainda pior". Contudo, suspeitamos que a utopia resiste permanentemente à tranqüilidade do existente e olha avidamente para as possibilidades que a esperança do futuro oferece.

Uma segunda intenção nos anima nessa tentativa: mostrar o vínculo entre pensamento utópico e religião. Esta última sempre esteve habitada por sementes utópicas, que crescem facilmente à sua sombra. Daí vem nosso interesse em ver os vínculos entre as utopias e a religião. Por fim, queremos relacionar a utopia com a religião cristã e ver como esta pode contribuir para o discernimento das utopias verdadeiramente humanas.

…
1

O neoliberalismo, ou a contra-utopia do *status quo*

Registremos uma vez mais a situação sociocultural e econômico-política em que nos encontramos: estamos diante do predomínio de um sistema de organização social que recebe o nome de "neoconservador" ou "neoliberal". Trata-se de uma versão do capitalismo tardio ou avançado caracterizada por um modo de produção que tem sua base no mercado único e na livre iniciativa empresarial e que vive estreitamente entrelaçado com uma democracia liberal, parlamentar e representativa e uma ordem cultural pluralista e relativizadora.

A novidade do momento atual é que tal organização social capitalista-democrática-pluralista apresenta-se sozinha no cenário da modernidade tardia: não tem alternativas. A queda do simbólico Muro de Berlim marca a visibilização de um território social sem obstáculos a sua expansão, embora a realidade de cada dia, especialmente aquela vivida pelos países do Leste europeu, nos indique como sua implantação é custosa e como são onerosas suas formas, não submetidas às rédeas do controle público. Estamos diante de um sistema social, político e econômico que se apresenta como o único capaz de solucionar os problemas de produção e distribuição dos bens de consumo, de organização do poder e das relações coletivas e de orientar os valores e comportamentos da sociedade e dos indivíduos.

Nada há de estranho no fato de as teorizações ou expressões ideológicas desse modo de organização social se oferecerem no panorama atual com o timbre de exclusivas e únicas. Estamos diante do pensamento único. É preciso esclarecer: diante do pensamento ideológico predominante, que se apresenta como o único existente e sem alternativa.

O passo seguinte, após o predomínio social e do pensamento, é compreensível: trata-se de apresentar-se como aquilo que é digno, por méritos próprios, de estar na situação social de privilégio de que desfruta. Presenciamos uma estratégia de justificação e legitimação das excelências da realidade que temos diante de nós. É o que se costuma chamar "processo de legitimação". Quando este se apresenta em um contexto social como o atual, sem que encontremos uma alternativa clara — mais ainda, com a lembrança viva de que seus inimigos abrigavam mais misérias do que aquelas que seus piores críticos denunciavam —, estamos a um passo de sua entronização e coroação como a melhor e exclusiva organização social.

A tentação de elevar o chamado "capitalismo democrático" às alturas da santificação social veio mediada por numerosos intelectuais ou ideólogos que cantaram as excelências desse modo de organização social ou sistema. A inércia da defesa desse capitalismo democrático ante o bloco do socialismo de Estado soviético e do reformismo social-democrata supôs uma exaltação desse modo de organização social que velou suas deficiências e no-lo apresentou não só como o único existente, mas como o melhor existente. Atingimos o estágio do "pensamento único".

"[...] Por fim, o essencial para qualquer sociedade é seu sistema de valores. A virtude do mercado é que coordena a interdependência humana de modo ótimo, de acordo com as preferências expressas de compradores e vendedores, dentro de uma determinada distribuição de renda. O dinheiro não é como 'um homem, um voto': aqueles que têm mais podem comprar mais e exercer maior influência na configuração das formas de produção e de serviços.
No entanto, aquilo que em última análise dota de direção a economia não são os indicadores do sistema de preços, e sim o sistema de valores da cultura em que tal economia está inscrita. Uma das surpresas dos últimos trinta anos (embora já prevista pela Comissão do ano 2000) foi o movimento a favor do meio ambiente. Quando nuvens de mosquitos estavam reduzindo as colheitas, os agricultores se puseram rapidamente a utilizar agentes químicos como o DDT. Contudo, como observou Rachel Carson em seu aguçado livro *Silent Spring* (1962), seu efeito foi também o de matar os pássaros que ingeriam esses produtos químicos, do mesmo modo que, anos depois, os grandes derramamentos de petróleo eliminaram várias espécies de vida marítima. E o valor do

meio ambiente começou a entrar em conflito com a eficiência econômica. O sistema de valores da sociedade ocidental moderna deu importância ao crescimento material e ao incremento da riqueza acima de qualquer outra consideração. Isso, porém, também trouxe consigo muitos custos sociais. Nenhuma sociedade pode ignorar o problema do equilíbrio, deixar as decisões essenciais inteiramente à mercê do mercado ou do domínio burocrático. Esses são alguns dos problemas mais árduos da teoria política; são juízos de valor e juízos comunais. E a tecnologia não oferece respostas, qualquer que seja a onda sobre a qual avance."[1]

1. O "fim da história"

Compreende-se que em tal atmosfera não tenham faltado vozes apressadas em proclamar o "fim da história". Esse *slogan*, popularizado por um artigo e um livro de F. Fukuyama[2], recolhe em sua brevidade todos os entusiasmos delirantes que o sistema pôde receber, com a

---

1. D. Bell, "Reflexiones al final de una era", *Claves de la Razón Práctica* 68 (1996) 2-14 (12).
2. Cf. F. Fukuyama, *El fin de la Historia y el último hombre*, Barcelona, Planeta, 1992. Foi precedido por um artigo que lhe deu renome: "¿El fin de la Historia?", *Claves de la Razón Práctica* 1 (1990) 85-96. Um antecedente dessa proposta pode ser encontrado no diagnóstico de D. Bell, E. Shils etc., a respeito do "esgotamento das idéias políticas nos anos cinqüenta", que recebeu o significativo nome da publicação de D. Bell, *El fin de las ideologías,* Ministerio del Trabajo y de la Seguridad Social, Madri, 1992.

pretensão, ademais, de cancelar a evolução social. Alcançamos o pico a partir do qual se divisam os outros montes. E todos ficaram por baixo do capitalismo democrático em versão neoliberal. Talvez se possa descobrir algum outro Everest social; contudo, com os meios atuais isso parece improvável.

Estamos diante do *non plus ultra* da organização econômico-política e social. Aceita-se que ela tem deficiências e que é possivelmente melhorável, porém seguindo a linha traçada. Fora dela, vagaremos perdidos e sem rumo, expostos a nos chocar contra os numerosos escolhos que o oceano social apresenta. Os exemplos dramáticos oferecidos pela experiência soviética e outros semelhantes deveriam servir de exemplo histórico.

O que notamos por trás desse modo de entender e de diagnosticar a situação atual? Será assim insuperável o modo de organização atual, que se apresenta com o boato de triunfante e de único existente?

Por trás do alegado "fim da história", uma utopia está latente: é a pretensão conservadora — e a pretensão das revoluções triunfantes — de indicar o ponto final da evolução histórica. Isso, porém, deve ser entendido adequadamente: não em um sentido grosseiro, como se o desenrolar da história se paralisasse e já não houvesse tempo. Essa impossibilidade humana não é sugerida com o fechamento da história. Pensa-se mais propriamente no fechamento qualitativo: não existe avanço que supere o sistema descoberto. Resta-nos, portanto, ensaiar variações sobre o mesmo tema. Podem inclusive existir confrontos entre versões diferentes da mesma organização social. Assim, podemos acertadamente pensar que o capitalismo democrático se modula em três grandes versões que lutarão para disputar o futuro: a versão mais individualista (norte-americana), a mais socializante (européia) ou a empresarial-feudal (japonesa). Porém, não há nem haverá uma superação qualitativa do sistema. Encontramo-nos no círculo do capitalismo democrático e pluralista.

"O triunfo do Ocidente, da idéia ocidental, fica patente antes de tudo no esgotamento total de alternativas sistemáticas viáveis para o liberalismo ocidental. Na década de 1980 produziram-se mudanças inequívocas no clima intelectual dos dois principais países comunistas do mundo, e em ambos iniciaram-se movimentos reformistas de certa importância. Tal fenômeno, contudo, vai além da alta política e também pôde ser visto na inevitável expansão da cultura consumista ocidental, em contextos tão diversos como as feiras rurais ou os televisores em cores onipresentes na China atual, os restaurantes-cooperativa e as lojas de departamentos abertas em Moscou, o Beethoven no fundo musical das grandes redes de supermecados japoneses e o rock ouvido tanto em Praga como em Rangum ou Teerã.

É possível que o que presenciamos não seja simplesmente o final da guerra fria ou o ocaso de determinado período da história do pós-guerra, e sim o final da história em si, ou seja, o último passo da evolução ideológica da humanidade e da universalização da democracia liberal ocidental, como forma final de governo humano. Isso não quer dizer que não serão mais produzidos os acontecimentos que encherão as páginas dos resumos anuais sobre relações internacionais do *Foreign Affairs,* pois a vitória do liberalismo produziu-se inicialmente no campo das idéias ou do conhecimento e, no entanto, continua incompleta no âmbito do mundo material. Porém, há poderosas razões para se acreditar que, a longo prazo, o ideal governará o mundo material."[3]

Essa tentativa de alcançar o "fim da história" é um sonho que persegue alguns espíritos desde a aurora da civilização e parece sempre estar à espreita, por trás de todo fundador, renovador ou revolucionário social: depois dele, atingiu-se o fim da história. Encerra-se o avanço qualitativo, e podemos nos entregar à melhoria do dado e ao seu desfrute. Isto é, encerra-se a história como horizonte de invenção, de abertura para a novidade e como laboratório do ensaio humano da perfectibilidade sem fim. Talvez lateje no fundo o medo da novidade, o desejo de espantar o fantasma do desconhecido que nos espreita dos fundos da história ainda não vivida.

Roberto Musil, com o gênio característico dos criadores, encontrou uma feliz denominação para essa tentativa de fechar o dinamismo qualitativo da história: chamou-a de a "utopia do *status quo*".

Proclama-se um sonho que gostaria de congelar a história no presente do já dado. Tudo seria uma repetição do sempre igual. Estaríamos girando eternamente no eixo da mesma coisa.

---

3. F. Fukuyama, "¿El fin de la historia?", *Claves de la Razón Práctica* 1 (1990) 85-96 (85).

Para muitos, estaríamos perante a encarnação terrena do inferno, onde gemeria a criatividade acorrentada; mas, para os espíritos que pretendem a segurança e o controle da liberdade, significaria a tranqüilidade da situação que nos dispensa dos sustos proporcionados pela novidade que irrompe, rompendo o existente.

J. Moltmann[4], o teólogo da esperança, observa que na utopia do *status quo* latejam a desesperança... e a descrença. Procura-se, impacientemente, o cumprimento "já, agora" das promessas. Ou melhor, não se quer absolutamente a esperança. Talvez não se note o caminho que se abre para a realidade da esperança, e esta doa como um punhal cravado no coração humano. A esperança assim excitada volta-se contra quem espera e o devora. A utopia neoconservadora do "fim da história" talvez quisesse evitar ao coração humano mais desenganos e tenha prescrito o cancelamento das utopias de futuro pelo presente do que se tem. É melhor descansar no que se possui do que sonhar com futuros que se têm mostrado perigosos. A vida transforma-se num movimento fechado dentro dos limites do previsto. Não se crê naquilo que rebaixa o que já temos. Simplesmente não se crê. A incredulidade tomou conta do coração humano e da vida e acompanha-se a si mesma.

Não causa estranheza o fato de essa utopia do *status quo* ser considerada "a pior de todas as utopias"[5], porque condena o realismo daquilo que existe. Sem dúvida, ela

---

4. Cf. J. Moltmann, *Teología de la esperanza*, Salamanca, Sígueme, 1969, p. 30.
5. *Idem, ibidem.*

pode ser boa para aqueles que desfrutam de certas vantagens da vida, porém é a condenação dos que vivem sob a miséria ou o látego da desigualdade, da pobreza, da injustiça ou da opressão. É a utopia dos balneários de gente cansada da vida e que só busca a tranqüilidade. Tal é a solução encontrada pelo Ocidente rico do norte do Atlântico para manter sua tranqüilidade e a boa vida de seus habitantes aburguesados. Uma utopia para "gente fina".

> "Nem a esperança nem o modo de pensar que a ela corresponde podem aceitar, portanto, a acusação de que são utópicos, pois não se estendem para o que não tem 'lugar algum', e sim para o que 'ainda' não o tem, mas que pode chegar a tê-lo. É esse realismo dos fatos crus, dos dados e regras certos e decididos, é esse aferrar-se — por desespero de suas possibilidades — à realidade que aí está que deve, ao contrário, merecer muito mais a censura de utópico, pois para ele o possível não tem 'nenhum lugar', nem o novo futuro nem, portanto, a historicidade da realidade. Desse modo, o desespero, que imagina estar no fim, aparece como ilusório, pois nada está já no fim; ao contrário, tudo se encontra ainda cheio de possibilidades.
>
> Assim, até o realismo positivista é ilusório, enquanto o mundo não for um *fixum* de fatos e sim uma encruzilhada de processos; enquanto o mundo não se mover só conforme as leis [e é bom que se saiba que mesmo as leis são extraordinariamente móveis]; enquanto o necessário do mundo for o possível, mas não o invariável."[6]

---

6. *Idem*, p. 32.

2. Globalização e mercado único

A palavra *globalização* começa a ser comum em nosso vocabulário. Presente nas seções de economia, não é difícil encontrá-la por vezes também nas primeiras páginas.

Toda vez que os pró-homens da economia se reúnem em Davos, ou há um comunicado do Banco Mundial ou do Grupo dos Sete (G-7), esse vocábulo costuma estar presente. Já começa a ter a magia das referências de todos conhecidas e o fascínio do mítico.

A globalização dá-nos a entender uma qualidade do capitalismo de nosso tempo: fez-se mundial, ocupa todo o planeta, enche-o completamente. Essa tendência holista, que abrange toda a geografia terrestre no plano econômico, é o que está dito na palavra "globalização". De agora em diante, diz-se, o sol já não se põe nas terras do capitalismo.

Seria por demais superficial, no entanto, julgar que já apreendemos o que o termo "globalização" nos diz do sistema capitalista quando entendemos sua planetarização. Os analistas sociais mandam-nos prestar atenção na dimensão de profundidade. Não basta entender que o capital e a tecnologia se internacionalizaram e que presenciamos uma integração mundial da economia que não tem um centro único (Nova York, Londres, Frankfurt, Tóquio...), ou que nenhuma nação pode atualmente manejar o timão da economia mundial. Há tempo já não o manejam nem os Estados Unidos nem nenhuma das chamadas "grandes potências" econômicas, nem sequer todas elas juntas. É preciso começar a entender que a economia, mediante os fluxos de capital e os intercâmbios no mercado internacional, está integrando progressivamente em um único processo de produção todo o planeta. A globalização econômica elimina, assim, as fronteiras nacionais, passa por cima dessas barreiras políticas — conseguindo inclusive sonegar o pagamento de impostos mediante o jogo das multinacionais —, ao mesmo tempo que torna impossível que cada nação mantenha algumas estruturas econômicas próprias e autônomas. Não há autonomia; existe Mercado Único.

O que se avista a curto prazo?

O processo de globalização significa a propagação da produção capitalista em todo o mundo e a eliminação — por serem primitivas e superadas — das relações de produção pré-capitalistas. Dentro de muito pouco tempo, só existirá um único modo de produção, o capitalista, no qual, por conseguinte, o mundo inteiro ficará integrado. Dar-nos-emos conta de que a globalização oferece a utopia — ou desutopia? — do mundo uno e integrado, isto é, interconectado em inter-relações e interdependências comerciais, econômicas e produtivas. A utopia da sociedade mundial una, moderna, integrada, em paz e em ordem, a partir das relações ditadas pelo funcionamento anônimo e sistêmico do capitalismo transnacional. Não precisamos pensar em uma elite nem em um império americano, russo ou chinês, mas em algo tão abstrato e sem rosto como um processo que nos engloba e integra a todos.

O "mundo feliz" do capitalismo mundial é profundamente antidemocrático

"O capitalismo global é depredador e parasitário. Na economia mundial atual, o capitalismo é menos benigno, responde menos aos interesses das amplas maiorias de todo o mundo e é menos responsável que nunca perante a sociedade. Umas 400 corporações transnacionais são donas de dois terços dos ativos fixos e controlam 70% do comércio mundial. Com os recursos do mundo controlados por algumas poucas centenas de corporações mundiais, a alma e o próprio destino da humanidade estão nas mãos do capital transnacional, que tem o poder de tomar decisões de vida ou morte para milhões de seres humanos. Tal concentração de poder econômico conduz a enormes concentrações de poder político em nível mundial. Qualquer análise da 'democracia' nessas condições carece de sentido. O paradoxo do desaparecimento das ditaduras, as 'transições democráticas' e a propagação da 'democracia' no mundo explicam-se mediante novas formas de controle social e o uso indevido do conceito de democracia, cujo significado original — o poder (*kratos*) do povo (*demos*) — desfigurou-se tanto que já se tornou irreconhecível. O que a elite transnacional chama 'democracia' é mais exatamente uma *poliarquia*, para tomar um conceito dos círculos acadêmicos."[7]

Alguns analistas, como O'Connor, vêem a *sociedade capitalista* em seus alvores. Até agora tivemos a economia capitalista; para o futuro, porém, estaríamos diante

---

7. W. I. Robinson, "Nueve tesis sobre nuestra época", *Christus* 698 (1997) 8-17 (12).

da penetração das relações comerciais capitalistas em todas as esferas da vida.

Quando A. Touraine fala da "comercialização das relações humanas", ou J. Habermas da "penetração colonizadora do funcional em todos os âmbitos do humano", oferecem uma visão crítica desse processo de aprofundamento do capitalismo nas relações interpessoais (família, educação, política...).

Por trás da integração mundial capitalista, alguns vêem o rosto temível do predomínio das relações comerciais, coisificadoras, que reduzem quase tudo o que é humano a objeto ou mercadoria: tudo é visto e valorizado segundo o modo das relações comerciais. Ou talvez possamos ficar com a imagem pós-moderna, mais suave e amável, de um sistema econômico e político que se diz global e plural: de vigilância da paz e do consumo.

Agora entendemos melhor que nos encontramos ante o "fim da história": o capitalismo como sociedade é a máxima realização encontrada. Novas estruturas sociais e políticas surgirão como adequação aos processos mundiais de integração econômica. E até nascerá um homem novo.

3. O atrativo da utopia neoliberal

Faríamos mal se acreditássemos — graças à crítica que já adiantamos — que a utopia do *status quo* ou da "integração mundial capitalista" carece de atrativos. Ela se apresenta com o semblante tranqüilo do realismo e da eficácia e até oferece o sorriso largo de quem se sabe vencedor e, inclusive, conquistador do mundo. Por trás da utopia do *status quo* e da integração mundial está o atrativo da boa vida, sem problemas nem sobressaltos. Claro que, como já apontamos, é uma vida restrita àqueles que podem estar satisfeitos com o que existe. Três quartos da humanidade não participam dessas expectativas no mundo, assim como tampouco um terço da sociedade do primeiro mundo pode se sentir muito contente com o presente. É uma utopia restrita aos mais bem situados.

Contudo, o atrativo da boa vida da minoria satisfeita oferecido pelo neoliberalismo desperta algumas ânsias descomedidas entre a multidão esfarrapada deste mundo.

Os miseráveis anseiam viver a vida como a apresentam os comerciais da TV, que chega ao mundo inteiro. O chamariz da posse e do consumo consegue atrair os olhares e as ânsias dos corações. É o atrativo do ter, que em muitos deveria ser visto com o respeito produzido pela compaixão ante a miséria e os sofrimentos que isso traz consigo. Num momento de declínio de outras propostas, a utopia neoliberal joga com a ambigüidade dos dois gumes da riqueza e do bem-estar que promete: para uns, a posse tranqüila do que já desfrutam; para outros, o futuro acesso a essa mesma vida que ainda não desfrutam. Para todos, a utopia oferece muito: o contentamento e a satisfação aqui e neste momento, ou muito em breve. Seus porta-vozes e pregadores apresentam-se ao mundo globalizado pela televisão, e o *american/european way of life* cristaliza-se rutilantemente nos *shopping centers* de todas as grandes cidades do mundo — embora pertençam a nações com rendas *per capita* escandalosamente baixas — e desperta o sabor uniformizado de ritmos e até de sabores na "macdonaldização" generalizada.

E não se pode esquecer das construções ideológicas. Os intelectuais neoliberais oferecem boas razões para buscar a utopia do presente. Em seus pronunciamentos, podem ser descobertas pelo menos três imagens com as quais a utopia neoconservadora nos é oferecida atualmente:

* *A ideologia triunfante,* que foi capaz — novamente são invocados o realismo e a eficácia — de responder à realidade do ser humano. Uma antropologia pessimista de fundo, que não solicita seres humanos muito generosos nem sacrificados nem comunitários nem solidários, como o socialismo supõe, e sim seres mais propriamente inclinados para si mesmos, para seus interesses e suas satisfações, mas que, no jogo misterioso do conflito de interesses, produzem muito e eficazmente, conseguindo regular a produção, ao mesmo tempo que geram algumas relações de respeito mútuo e até de sadio individualismo comunitarista.

* *Um modo de produção de máxima eficácia produtiva e distributiva.* Basta lançar mão de estatísticas elementares para se dar conta da capacidade produtiva do sistema capitalista de mercado, que supera todos os demais e já produziu mais que todos os anteriores juntos, além de trazer consigo — ao menos em suas formas atuais — um crescente dinamismo distribuidor. P. L. Berger nos lembrará de que, se no começo da revolução indus-

trial européia levou-se mais de vinte e cinco anos para ver distribuído o fruto da produção entre as classes baixas, agora, em nossa época, bastam cinco anos. Ou seja, estamos diante do melhor e mais eficaz sistema de produção e distribuição. A situação atual de mundialização da economia seria tão-somente um efeito do reconhecimento desses êxitos. O "mercado único mundial" ou a "integração mundial dos mercados" seria o resultado dessa eficácia e rentabilidade, além da justiça. Enquanto isso, A. Touraine proclama o "fim da época liberal", dada a incredulidade que começam a despertar, um pouco por toda parte, as expectativas não--cumpridas do mercado como agente capaz de atenuar as desigualdades e conseguir orientar uma economia em crise. E, não possuindo nenhum grau de especialização, o ser humano que vive nossa vida cotidiana descobre que o desemprego continua e que ele vai sendo despojado das pequenas seguranças proporcionadas pelo chamado "Estado de bem-estar". Não causa estranheza que se proclame que estamos entrando na época pós-liberal.

* *A liberdade social e o individualismo competitivo e consumista* como garantia de uma vida realizada pessoalmente, com êxito social e material. A utopia neoconservadora acentua a liberdade como o âmbito necessário para o desenvolvimento criativo das capacidades humanas. Essa característica humana, que nos assemelha ao Criador, está na origem do ingente desdobramento tecnoprodutivo de nos-

so mundo, como também na da originalidade cultural. É lamentável que, com freqüência, ela degenere em formas narcisistas e hedonistas, incompatíveis com o dinamismo produtivo. A liberdade e a criatividade configuram um indivíduo que desenvolve seus talentos, fá-los frutificar e os lança na corrente comunitária humana. No encontro de liberdades criativas produzem-se atritos e se desata uma sadia competitividade que é, em última instância, muito proveitosa tanto para o indivíduo como para a sociedade. O individualismo comunitarista, a pessoa com iniciativa, segurança, talento e uma ética produtiva e competitiva faz parte do retrato geral desse desenho pessoal e cultural esquematizado. O que fica claro, porém, é a via ou o caminho a seguir para o desenvolvimento pessoal e social. Um retrato-robô feito a partir da visão dos triunfadores na vida, tendo ao fundo a mítica da épica do *self-made man*. Uma espécie de *goodman* no Oeste da competitividade livre do mercado. E uma realização humana feita na base de se ter cada vez mais: a finalidade da vida obtida mediante a aquisição de mercadorias. Não importa que esse indivíduo seja um ser desprovido do calor, da criatividade e da espontaneidade que a entrega ao outro supõe, de abertura para a amizade, para o amor ou para a compaixão eficaz; estaremos diante de um indivíduo seguro, centrado em seus interesses, despolitizado no meio da "democracia".

O resultado final proporciona uma ideologia triunfadora após a época da bipolarização mundial em um sistema único, com uma ideologia única e um único mercado. Uma visão totalizante e única para um mundo unificado pelas relações comerciais e globalizado por meio da mídia. Faltava-lhe tão-somente destilar uma utopia da realidade "una, grande e livre". Temos a sensação de que o conseguiu quando ouvimos repicar as palavras mágicas "mundialização", "globalização", "modernização", "competitividade", "responsabilidade individual", "redução do Estado de bem-estar" etc. Invocações mágicas de uma visão que possui inclusive a anedótica tentativa de realização da Icária feliz da utopia pura neoliberal:

> "A euforia neoliberal chegou a tal ponto que atualmente um grupo de dez multimilionários (canadenses, ingleses e americanos) está procurando uma centena de quilômetros quadrados onde possam desenvolver o sistema em sua mais absoluta pureza. Já passaram os olhos pela ilha de Bitã, a meia hora de *ferry* de Cingapura, e por várias áreas no Cone Sul.
> Seu plano é fundar um Estado regido exclusivamente pela iniciativa privada. Uma espécie de *cidade ideal*, organizada à imagem e semelhança de uma empresa, onde todos os serviços públicos estariam a cargo de entidades particulares, os impostos seriam praticamente iguais a zero e os indivíduos agiriam em seus negócios com total liberdade.
> Às utopias de Icária de Etienne Cabet ou do Novo Mundo de Fourier, todas elas socialistas, segue-se este sonho hipercapitalista que espera seu apogeu em alguns anos. Os promotores da idéia, leitores apaixonados de Ayn Rand (*O manancial*), estão convencidos, como a novelista, de

que a humanidade divide-se em duas espécies: os empresários, criadores de riqueza, e os parasitas, que se aproveitam dos bens coletivos proporcionados pelos impostos dos primeiros. Seu grito é, portanto, 'Fim à exploração do capital!'.

Os operários que seguiam a vanguarda leninista em busca do paraíso comunista são substituídos por homens e mulheres de negócios, associados em um truste destinado a promover aquela que foi chamada 'Laissez-Faire City' e a estendê-la, depois, pelo planeta. O momento da inauguração e as normas de funcionamento foram fixados para 1º de janeiro de 2000. Falta ainda, como disse, a definição do local; mas, dado o ritmo em que vão as obras de derrocada do Estado de bem-estar, dentro de muito pouco tempo haverá amplos solares por todos os lados."[8]

4. A legitimação religiosa da utopia neoliberal

Para que não lhe faltasse nada, a utopia do *status quo* também tem sua legitimação religiosa. Pois, se falhasse o recurso à eficácia e ao triunfo sobre os contendores ideológicos, haveria o recurso à religião. Supomos a existência de aspectos não facilmente aceitáveis por trás das bondades declaradas e dos êxitos neoliberais: a competitividade inclemente, o mecanismo neutro do mercado, que favorece os que já estão bem situados, as desigualdades clamorosas de nossas sociedades e as

---

8. V. Verdú, "La utopía", *El País*, 20 de janeiro de 1996.

grandes desigualdades de nossos mundos dentro do mesmo planeta.

Foi sempre bom estabelecer vínculos entre o céu e a terra para ocultar essas cicatrizes: tal é a estratégia seguida pela "religião política neoconservadora"[9]. Estabelecem-se afinidades, familiaridades e proximidades entre o dinamismo capitalista e a fé cristã: basta ter um espírito disposto a engolir a inclinação profética de um Deus bíblico voltado para o pobre, o órfão e a viúva e trocá-lo pelo realismo antropológico de um Deus que aceita o homem pecador, a competitividade do individualismo, que se transforma em comunitarismo apesar de tudo; pela expansão multinacional, que cria milhares de fábricas que se equiparam às células religioso-comunitárias das comunidades de base; ou pela criatividade destrutiva (Schumpeter) do capitalismo, vista como continuação do impulso do Criador. Enormes tergiversações religiosas a serviço de um grande objetivo: mostrar que a organização dominante que temos é aquela que devemos ter, porque até mesmo Deus a quer. Não se poderia apelar para algo mais alto para justificar o existente. Tampouco se podem mascarar as contradições do sistema de modo melhor que mostrando como seus aspectos negativos são manifestações afins à compreensão e ao realismo divinos. Grosseira e magnífica estratégia que sempre deu seus frutos, exalando um leve

---

9. Cf. J. M. Mardones, *Capitalismo y religión. La religión política neoconservadora,* Santander, Sal Terrae, 1991.

perfume de incenso na tentativa de disfarçar o cheiro da podridão.

** * ***

Porém, o pensamento utópico transita exclusivamente pelos caminhos neoliberais e do pensamento único?

Já exprimimos nossa convicção, baseada na realidade, de que não é assim. Mas conviria, ao falar da utopia, não esquecer que vivemos sob a pretensão de viver o que existe como expressão do melhor dos mundos. Toda uma sensibilidade da época, que diagnostica o momento como de fechamento de horizontes e de melancólico desfalecimento que se curva sobre si mesmo. Encaramos, neste final de século XX, uma verdadeira apostasia da esperança. Nem Prometeu nem Sísifo são nossos representantes; só temos lugar para o realista sincero que, com alma de triunfador, declara não esperar mais nada além daquilo que existe. O sorriso frio e tranqüilo, nada camusiano, do "pensar com lucidez e já não esperar" (A. Camus).

Questionário para trabalhar o texto
O NEOLIBERALISMO COMO UTOPIA OU CONTRA-UTOPIA

a) A que denominamos "neoliberalismo"?
b) Qual é a novidade da situação do capitalismo neoliberal? Que conseqüências tem para a ideologia, a política e a economia?
c) Existe uma "utopia neoliberal"? Em que consiste? Que outros nomes recebe?

d) Que efeitos o mercado único e a globalização têm sobre a sociedade? Você percebe alguns desses efeitos em sua realidade?
e) Mostre o atrativo que essa "utopia" tem na vida corrente que você conhece. Quais são seus efeitos em relação às pessoas e às atitudes delas diante da realidade?
f) Você conhece alguma visão religiosa que justifique de fato a sociedade neoliberal? De um ponto de vista cristão, qual o seu juízo a respeito? Aduzir razões.

As utopias contra o fim da história

Se o olhar neoliberal espreita um panorama histórico insuperável, existem vozes que apontam para uma sociedade sumamente vulnerável e envolvida no risco. Não são vozes de mau agouro, mas de analistas da situação atual que revelam as contradições da própria sociedade moderna, ou modernidade, e suas forças propulsoras.

A ciência, a técnica, a produção ingente, a industrialização, a burocracia, o militarismo... são elementos da modernidade que se revelaram perigosos, porque introduzem um risco permanente para a vida do planeta, para o equilíbrio ecológico, para a paz, para a subsistência das culturas pequenas e pobres e também para as tradições. Vivemos sobre um vulcão a ponto de entrar em erupção ou sobre uma falha que pode produzir um terremoto a qualquer momento, o que plástica e jornalisticamente se chama "bomba ecológica", "bomba demográfica" ou "bomba genética". Estamos diante de um risco permanente. E não há nem como fugir para outro lugar nem como deslocar o risco para outro lugar ou para outras pessoas. Criamos essa sociedade e agora vemos como sua vulnerabilidade é nosso risco.

Não podemos apelar para os mesmos elementos que produziram a ameaça. Nem a ciência nem a técnica podem nos ajudar a dissipar o risco. Elas são os dinamismos que devem ser controlados. Talvez a única solução venha pela via do autocontrole desses dinamismos da modernidade: a "auto-restrição inteligente" (J. Habermas) seria a saída humana e adequada para uma situação de risco generalizado. Sentimos que temos de tomar as rédeas da modernidade e deter sua corrida maluca. Trata-se de uma mudança de marcha, de uma virada em nosso estilo de vida. Temos de mudar a gramática da vida: falar a língua da modernidade com outros sentidos.

Nessa rápida observação dos analistas da "sociedade do risco" vimos que imediatamente depois do diagnóstico da situação dispara-se o "temos de". O dever-ser aparece exigindo uma mudança de atitudes, de valores e de estilo de vida. Porém, é preciso dar-se conta de que, sempre que apelamos para o dever-ser, para a elevação moral das consciências como solução, estamos diante de apelos à liberdade e à responsabilidade pessoais.

Se não estamos por demais enganados, é nesse âmbito da necessidade de uma mudança de vida ante as ameaças de nossa sociedade moderna que atualmente os corações se inflamam e a imaginação dispara, propondo alternativas de existência. Estamos diante das utopias na sociedade da vulnerabilidade e do risco. Utopias que propugnam uma mudança de vida e que estão atravessadas pela urgência do apelo moral. Vejamos resumidamente como isso se modula em perspectivas críticas para a vida de hoje e de amanhã:

"Dois terços da humanidade não participam desta nova sociedade. Suas necessidades fundamentais estão ligadas à sobrevivência e ao trabalho diário. Necessitam da ciência clássica e da técnica tradicional para garantir, onde vivem, uma infra-estrutura higiênica mínima, com esgoto, água corrente, eletricidade, transporte, escola, habitação, centros assistenciais e de saúde e espaços de lazer. A modernidade significa introduzir o progresso necessário para se alcançar as condições mínimas de uma vida digna. A maioria vive submetida às elites nacionais e mundializadas já articuladas nesse novo paradigma da civilização.

Tais elites promovem a sociedade da informação e da comunicação, criando para si ilhas nas quais participam seletivamente da nova etapa cultural. Nas sociedades dos dois terços pobres e marginalizados reproduzem-se a sociedade-espetáculo, a sociedade da televisão, dos grandes centros comerciais, do *rock*, dos esportes de massa. Alguns participam diretamente dessa nova realidade nos lugares modernos do consumo, da nova tecnologia; outros, mediante a ficção e o mundo da imagem"[1].

---

1. L. Boff, *Nueva Era: La civilización planetaria*, Estella, Verbo Divino, 1995, pp. 26-27.

1. As condições mínimas garantidas para todos

Vimos que a utopia neoliberal do *status quo* era restrita aos ricos deste mundo: aos 23% da população mundial que desfruta de 80% dos recursos. Setenta e sete por cento da população têm de repartir os esquálidos 20% restantes.

A utopia que ressoa sobre o fundo dessa situação e da modernidade do risco é: *garantam-se as condições mínimas para todos*; não se mantenha o máximo de dispêndio para uma minoria, mas assegurem-se, antes, as condições mínimas para todos (C. Offe).

Essa utopia exige uma elevação moral generalizada, porque solicita uma mudança drástica de vida. Diante do desejo egoísta de garantir a melhor porção para si, trata-se de olhar solidariamente para aqueles que têm menos do que nós. C. Offe tem razão quando considera que, sem um salto moral, os problemas de desigualdade deste mundo não poderão ser solucionados, tampouco os de nossas sociedades crescentemente dualizadas; ou os da sociedade do risco — freqüentemente uma sociedade do crescimento para frente e do hiperdesenvolvimento —, isto é, os problemas do tráfico, da sociedade de idosos, da precariedade de sentido, da integração dos emigrantes... Todos esses problemas estão ligados a uma maior elevação moral ou, em termos mais políticos, ao aprofundamento da democracia: ao sentido da cidadania responsável, ao seu senso de participação e de interesse pelos demais.

A utopia das condições mínimas para todos solicita uma elevação moral generalizada especialmente entre os que dispõem dos recursos e possibilidades para proporcionar tais condições. Contudo, damo-nos conta imediatamente de que isso exige um novo tipo de cidadão: mais responsável, mais participativo, mais atento às necessidades e interesses dos outros. Traduzindo em termos políticos, a utopia das condições mínimas pede uma radicalização democrática. Não há possibilidade de levar a cabo as condições sociais para uma mudança de vida social e pessoal que possa garantir as condições mínimas para todos sem engajamento pessoal dos cidadãos nos problemas da *pólis* mundial, sem capacidade de sacrifício pelos menos favorecidos, sem sensibilidade para a desigualdade e a injustiça, sem solidariedade eficaz.

No que diz respeito a valores ou virtudes, a utopia das condições mínimas para todos solicita um reforço da compaixão solidária e eficaz. Ver o necessitado e ser capaz de compartilhar. Não basta o discurso sobre a justiça distributiva para superar as desigualdades e os problemas da sociedade do risco. Precisamos da solidariedade responsável e eficaz. Talvez seja esse o novo nome da justiça, a qual, para ser justiça, se desloca atualmente para a solidariedade.

Ora, sem as condições mínimas para todos, a modernidade que construirmos estará ameaçada pelos párias que rodearão seus muros e pelos próprios marginalizados dentro de suas muralhas. Sem cidadãos responsáveis e solidários, não será possível evitar os riscos crescentes do trânsito, as contaminações por transfusão, a expansão da droga ou a discriminação dos imigrantes. Estaremos à mercê dos riscos crescentes de um dinamismo enlouquecido que continuamos a alimentar estupidamente.

2. A utopia da humanidade livre e justa sobre uma terra habitável

A utopia atual torna-se mais concreta em vista de alguns dos maiores riscos de nossa sociedade moderna. São os demônios da modernidade. A sensibilidade dos chamados "Novos Movimentos Sociais" considerou o produtivismo, o militarismo e o patriarcalismo a tríade maléfica que domina nossa sociedade moderna. Em relação direta com essa atividade maléfica, vê-se a vida correr perigo, devido ao espólio da natureza, à contaminação da atmosfera e das águas, à destruição da camada de ozônio etc.; a paz do mundo corre perigo, dadas as necessidades de vender, usar e gastar o arsenal acumulado pelas potências; as relações entre os sexos e as culturas asfixiam-se na submissão ao outro como forma de interação.

O predomínio dessas lógicas, inerentes às práticas sociais dominantes de nossa modernidade, leva-nos a considerar que o conflito central da modernidade passa por elas. A contradição dominante já não está situada unicamente — nem sequer predominantemente — no espaço do econômico. Isso pode ter ocorrido na primeira industrialização; hoje, porém, nesta modernidade reflexiva (U. Beck), as contradições se amontoam em torno de uma série de dilemas que marcam estilos de vida.

* Optamos por ter mais coisas para sermos mais felizes, entrando na dinâmica do crescimento e da espoliação, ou nos contentamos com menos e instauramos algumas relações novas com a natureza, mais respeitosas e possibilitadoras de uma vida melhor e mais perdurável para todos?
* Queremos continuar solucionando os problemas no plano biológico e pela força bruta e mortífera, ou entramos nos planos humanos do diálogo e da discussão raciocinada?
* Impomo-nos sobre os outros, rebaixando-os e submetendo-os, como forma humana de ser eu/nós, ou aceitamos os outros (em razão do sexo, da raça, da cultura...) como iguais e capazes de relações de confiança mútua e de amizade?

É preciso escolher. É preciso desviar-nos do caminho que estamos seguindo. É preciso mudar de estilo de vida. É preciso corrigir e reorientar a gramática da vida nesta civilização ocidental. Aqui surge a utopia da humanidade livre e justa sobre uma terra habitável.

As propostas orientam-se para a *limitação do crescimento* e para o controle da exploração dos recursos naturais; para a restrição do consumo e para a mudança nos valores que orientam a vida e fazem a realização depender da posse de mais e mais coisas.

Orientar-se decididamente para o *diálogo*, para a discussão e para a solução raciocinada e pacífica dos conflitos de interesses. Procurar o progressivo desmantelamento do complexo industrial-militar, a criação de instâncias internacionais de controle e solução pactuada dos conflitos, a interiorização crescente de um estilo não-agressivo nem impositivo na solução dos problemas.

Promoção de algumas relações baseadas na igualdade e na criação de uma confiança mútua básica que gere proximidade e possibilite a amizade.

Trata-se de criar uma nova cultura ecopacifista e feminista, na qual seja possível a aurora de uma humanidade livre e justa sobre uma terra habitável.

Existe uma sensibilidade religiosa afim com tal utopia?

Acreditamos que a religiosização da utopia corre paralela à chamada *deep ecology*. Amiúde, a ecologia profunda transformou-se em culto a Gaia (Terra) e ao Todo Uno da Vida.

A Terra aparece como um superorganismo vivo cujo equilíbrio dinâmico mantém dosados todos os elementos físicos, químicos e energéticos. Tal equilíbrio garante a vida e sua evolução. Introduzir um forte desequilíbrio mediante a irrupção de componentes estranhos ou de uma exploração desmedida significa colocar em perigo o equilíbrio desse superorganismo e sua vida posterior.

No fundo, a Terra não passa de um sistema. Na realidade, todo o cosmos é um superorganismo por cujo equilíbrio os seres conscientes haverão de velar. Ocorre, no entanto, que os seres conscientes estão doentes. Trata-se de recobrar a normalidade, recuperando formas de vida que não introduzam disfunções no sistema. Isso requer a tomada de consciência de nossa interdependência cósmica: o vínculo real com o todo da vida para viver de acordo com essa solidariedade universal da vida.

A Vida em sua totalidade, una e unificadora, aparece como o sagrado, como aquilo que é digno de respeito e de veneração, o fascinante e extraordinário. Um suave monismo místico natural expande-se a partir dessa sacralidade da Vida e do Todo Uno.

> "Essa consciência planetária crescente faz-nos cidadãos do mundo e não só deste ou daquele país. Vivemos uma comunidade de destino; o destino da espécie humana está indissoluvelmente unido ao destino do planeta e do cosmos. Qualquer antropocentrismo está deslocado. De fato, somos seres centrados no cosmos e na Terra. Temos de nos situar no conjunto do sistema da vida e não simplesmente no concerto dos povos, das raças e das nações. Somos criaturas terrenas, expressão da parte consciente do planeta Terra, e devemos conviver democraticamente com outros seres e repartir com eqüidade os meios de vida com eles.
> Com a assunção consciente de todos esses elementos vai surgindo, pouco a pouco, uma cultura cosmopolita e planetária, fato absolutamente inédito na história do processo de hominização. Tal processo não é relevante unicamente para a espécie *homo*, e sim para a totalidade do processo planetário e cósmico.
> A nova consciência suscita necessariamente uma pergunta angustiante: qual é nosso lugar no processo cósmico global? Como seres conscientes, que exprimem a consciência do cosmos, qual é nossa missão? É um desafio novo para qualquer antropologia e teologia contemporâneas."[2]

---

2. *Idem*, pp. 52-53.

3. A utopia da diferença

O sinal cultural do momento é constituído por uma tensão que introduz um duplo processo dominante em nosso mundo. De um lado, a *homogeneização funcional* provocada pelas práticas tecnoeconômicas e, de outro, a mundialização ou *globalização "mass* midiática", que nos faz realmente contemporâneos de todos os habitantes do planeta e, ao mesmo tempo, conscientes do pluralismo cultural e da relatividade de nossas tradições.

A homogeneização funcional expande certa uniformidade mundial de comportamentos causalistas, mecanicistas ou computadorizados. Uma espécie de mundialização de usos e costumes instrumentais que vai implantando uma lógica funcional e um modo objetivista de ver a realidade que disseca as tradições e o sentido. A mundialização das mentes corre em paralelo com a mundialização do mercado e do consumo. As mentes e os corações são modelados pelo Mercado Único e pela única lógica funcional.

Contudo, outro fenômeno não menos universal e efetivo tem lugar mediante a expansão dos *mass media*. O "efeito a distância", a expansão de modas e gostos e a tomada de consciência de nosso provincianismo, graças ao pluralismo de culturas e estilos de vida. A TV faz-nos presentes aos grandes acontecimentos mundiais, como também às suas misérias: mostra-nos imagens das eleições primárias dos Estados Unidos, o "pouco depois" do assassinato de Rabin e o massacre israelense nos campos de refugiados palestinos; exibe-nos amostras da barbárie européia na Bósnia ou na Chechênia e as execuções sumárias em plena rua, na Libéria. Por meio de programas e noticiários, tomamos consciência da diversidade de situações e tradições, de danças e folclore, de religiões e línguas. Somos, na melhor das hipóteses, uma tradição entre outras tradições. E somos tradições, isto é, modos de vida herdados, transmitidos e que chegaram até nós, orientando nossos comportamentos e visões do mundo. Entretanto, poderia ter sido de outro modo, como vemos ter ocorrido de fato na diversidade de estilos de vida mostrados pelo pluralismo cultural.

Nossa situação atual é, portanto, paradoxal: por um lado, vivemos uma uniformidade funcional crescente e, por outro, tomamos consciência de uma diversidade que produz em nós a vertigem da relativização e o descobrimento de nossa peculiaridade nacional, regional ou local.

As conseqüências disso são múltiplas e de grande alcance. Sentimos a universalidade impositiva da lógica da produção e da ciência, que apequena e uniformiza o mundo. Ao mesmo tempo, experimentamos a precariedade e a insegurança do sentido da vida, dado o pluralismo e o relativismo cultural, com a conseqüente ameaça de desaparecimento de línguas, costumes e culturas pequenas e débeis nas mãos da colonização invasora das poderosas.

As reações possíveis unem-se em torno do medo e da insegurança ante a perda de sentido e de identidade; tenho/temos de defender o que sou/somos, de onde venho/vimos e para onde vou/vamos. A tarefa reflexiva e crítica de ganhar identidade e sentido sem exclusivismos, descobrindo e valorizando o que é próprio da pessoa e a diversidade dos outros como parte da riqueza humana, choca-se com as posturas mais medrosas de busca de segurança a qualquer preço. Desatam-se nesse momento as buscas compulsivas de identidade e de sentido mediante uma supervalorização exclusivista e contraposta aos outros. Tais reações recusam a crítica e afirmam o que lhe é próprio (nacional, político, religioso, ideológico, étnico...) de modo fundamentalista. As tristes realidades de um nacionalismo enlouquecido bastam para nos convencer da seriedade do fenômeno aqui apontado.

Em meio a esse "problema de nosso tempo" (A. Touraine), que nos permite solucionar humanamente o universalismo funcionalista e o comunitário, surge hoje a utopia da diferença ou do multiculturalismo sadio.

Trata-se de viver a diversidade cultural com consciência e apreço. Aceitar e valorizar a diferença de cada um. Viver o comum humano, seu fundo criativo comum, na variedade de formas e manifestações culturais. A multiculturalidade é o nome de uma realidade objetiva que foi posta em evidência para nós pela mídia. Contudo, a multiculturalidade aceita é um processo educativo, moral e político-social em que se encontram o apreço e o descobrimento do humano dos outros. Precisa do reconhecimento dos outros como humanos, isto é, como dignos de respeito e de apreço, de dignidade e de valorização. Requer o esforço da universalidade sem a exigência da redução a uma lei geral feita segundo meu modelo particular. Não ter medo da diversidade nem da diferença, para estabelecer relações e assentar as bases da convivência humana.

O multiculturalismo sadio vive a igualdade na diferença. Não exige que a semelhança se transforme em igualdade, mas descobre o ar de família humana na pluralidade de matizes e formas. Não acentua, porém, o respeito à diferença até o extremo em que a tolerância do outro se torna indiferença. O outro é levado a sério, ou seja, é aceito como é, para, a partir dessa diversidade, assentar o mútuo reconhecimento e melhorar a confiança mútua e a amizade enriquecedora.

O futuro que se vislumbra por trás dessa sensibilidade, que começa a ser objeto de discussões de filósofos e políticos, é uma unidade mundial na qual a igualdade respeite a diversidade cultural. São numerosos os obstáculos institucionais e políticos que é preciso superar para avançar no caminho do reconhecimento efetivo dos direitos de minorias e grupos diferentes; no entanto, a utopia do fim entrevisto vai-se refletindo em programas concretos que mostram sua fecundidade e até sua plausibilidade.

Existe uma religiosização dessa sensibilidade multiculturalista?

Talvez sua expressão mais clara corra pelo caminho da chamada consciência planetária da "Nova Era". Uma visão que liga o evolucionismo científico às visões espirituais inspiradas em Teilhard de Chardin, que vê a consciência humana caminhando para certa noosfera ou consciência humana planetária e unificada. Até a mundialização tecnoeconômica e "*mass* midiática" teria sua razão de ser dentro dessa visão, segundo a qual todos os elementos convergem em uma complexidade cósmica total. Uma universalização que aponta para uma planetarização e unificação do mundo manifestada na mente humana. A versão religiosa seria — deveria ser — uma religação que permitisse a vivência de todos com todos, do eu com o nós.

Estaríamos na aurora de uma "Nova Era", na qual a inter-relação será sinal de um modo de vida mais harmonioso e religado de todos com todos. As diversas religiões seriam apenas caminhos diferentes que conduzem ao mesmo lugar: à "Grande Consciência Universal".

Um neomisticismo unificador e sincrético seria a característica dessa religiosidade planetária, que desejaria superar as unilateralidades e confrontações das diversidades religiosas em uma espécie de aceitação e conjunção eclética de tradições. Um nível mais alto de consciência coletiva que tem o perigo de oferecer uma pretensa universalidade sem fazer justiça aos particulares concretos, mediante um diálogo e um confronto sérios. Um sonho que denuncia as carências e ansiedades atuais.

4. Rebentos de esperança de uma mudança de civilização

As propostas utópicas de nossos dias exprimem as ansiedades dos homens de nosso tempo. Elas querem se fazer realidade, mas tropeçam em estruturas e vontades opostas. Por trás da utopia lateja um desejo de mudança social que espera o movimento social e a conjuntura propícia para fazer-se realidade, mesmo que parcial.

As utopias de nosso tempo, brevemente esboçadas, têm a peculiaridade de apresentar uma autêntica mudança de civilização, de apontar para uma alteração radical de valores e comportamentos nas relações com a natureza, entre os próprios seres humanos e até no sentido profundo que os anima. Por trás dessas utopias de fim de milênio, mostra-se o desgosto que a cultura dominante produz e o desejo de uma virada radical. Expressam elas a situação de limiar de mudança em que nos encontramos. Não gostamos de nossa cultura nem de nossa sociedade nem da modernidade dominante. As utopias vislumbram possibilidades ainda um tanto débeis, mas, em todo caso, fortes o bastante para se fazerem críticas — na forma — do desejado e ansiado diante do existente.

No fundo, opõem-se e tratam de deslegitimar algumas formas da(s) utopia(s) do *status quo*, especialmente a do liberalismo capitalista, estreitamente vinculada à tecnoprodução e ao predomínio do objetivismo cientificista, produtivista e consumista.

A recusa dirige-se ao predomínio do funcional, instrumental, logicista, calculador, rentável e eficaz, com suas variantes individualistas, consumistas ou utilitário-pragmáticas nos diversos âmbitos da vida humana, desde a economia até a política, passando pela educação. Existe um cansaço nos espíritos diante dos efeitos depredadores desse estilo de vida sobre o sentido do humano, das tradições culturais, da comercialização das relações pessoais, da tecnificação generalizada etc. Não se trata de uma recusa frontal da funcionalidade, que é uma dimensão importante da ação, da racionalidade e da vida humanas. Mas é preciso pôr limites àquilo que se apresenta com a figura tirânica do pensamento e dos valores dominantes. Recusa-se o colonialismo funcional da vida em geral.

Aponta-se para uma civilização da solidariedade: com a natureza, com os outros e com o mistério que perpassa a realidade. Daí o fato de que se vislumbre o ressurgimento da implicação do ser humano com todo o mundo que o cerca. Ante as dificuldades instrumentalistas, propugna-se o descobrimento do relacional. A volta de um ser humano com um instrumento de dominação e submissão na mão a um ser humano que cuida do meio que o envolve. Dessa virada, efetuada atualmente por muitas pessoas, brota uma atitude piedosa[3] (compassiva ou de indignação) diante do insuportável e daquilo que ameaça a outros. Estamos diante de uma recuperação da sensibilidade moral, da compaixão pelo sofrimento dos outros. Os outros aparecem em nossa vida como ligados a ela, ao nosso destino. Minha felicidade e realização dependem da dos demais. Rompe-se o isolamento instrumental e os rituais sociais estabelecidos, e entramos no mundo das relações pessoais, do encontro e da comunicação. Daí que à implicação solidária, à responsabilidade moral e à relacionalidade corresponda

---

3. Cf. F. Jullen, *Fonder la morale. Dialogue de Mencius avec un philosophe des Lumières*, Paris, Grasset, pp. 29s.

uma mudança profunda de valores. Entramos no mundo da gratuidade, das coisas feitas livre e voluntariamente pelo outro. A fraternidade aparece de mãos dadas com a solidariedade. O contraste com o mundo do Mercado Único não é casual.

Não nos escapa a familiaridade de tais propostas com o espírito que perpassa o Evangelho de Jesus. Parecem-nos muito maiores e verossímeis que aquelas propugnadas pelos defensores do neoliberalismo. Há um ar familiar mais próximo dos pontos centrais do Evangelho, e especialmente da pedra de toque do amor ao próximo desvalido.

Questionário para trabalhar o texto
As utopias contra a sociedade neoliberal

a) De quais utopias se fala no texto? Você está de acordo com a existência dessas utopias? Você conhece outras que não foram citadas e que considera importantes?

b) Em conjunto, existe algum denominador comum entre as utopias não-neoliberais? Qual?

c) Você considera que essas utopias põem "o dedo na ferida" de algumas questões importantes de nossa sociedade? Algumas ainda ficam na sombra e seria necessário acentuá-las?

d) Essas utopias são viáveis ou pecam por ser demasiado irreais?

e) Teriam elas força atrativa e mobilizadora? Como poderiam ganhar força?

f) Que tipo de sociedade tais utopias pressupõem? Você considera que suas propostas são mais humanizadoras que as da neoliberal? Você vê alguns riscos em alguma delas?

Condições de possibilidade para a utopia humanizadora na sociedade neoliberal

As mudanças sociais — é o que aprendemos nas últimas décadas — são lentas e difíceis e, quando acontecem derrubadas como a do Muro de Berlim, por trás delas emergem as autênticas muralhas culturais e sociais. Convém, portanto, que a utopia não seja "sonho utópico", fantasia ou delírio, mas a imaginação que se põe a projetar aquilo que é realmente possível para amanhã.

É possível a verdadeira utopia numa sociedade como a neoliberal, isto é, na sociedade do capitalismo vitorioso? Tal projeto não ficará preso na mera ilusão ou em compensação fantástica diante da dureza do *status quo*?

Caberá algo além da repetição idealizada do que está dado?

1. Poderemos ser cidadãos na sociedade neoliberal?

A pergunta não é retórica: nós a fazemos a partir de nossa realidade cotidiana, que até bem pouco tempo tinha o horizonte do Estado de bem-estar social como condição de possibilidade da cidadania democrática. Mas o que acontece quando assistimos ao desmantelamento de tal Estado social? O que podemos esperar quando vivemos em um "capitalismo sem trabalho" (U. Beck) que questiona de fato a integração da cidadania de milhões de pessoas, visto que as reduz à marginalização social e, com ela, à carência de identidade social e pessoal?

Esse capitalismo vitorioso é o túmulo da sociedade democrática. Os elementos fundamentais das Constituições dos países denominados democráticos e livres são questionados ante o despojo da economia globalizada e do mercado único. Esse capitalismo neoliberal, que mata o emprego, e com ele o futuro de toda uma geração, é um capitalismo que está solapando sua própria legitimidade. Sem segurança material, não existe liberdade política. E, sem liberdade, o perigo de velhos e de novos totalitarismos é sempre iminente. Estamos intimados a mudar de estilo de vida e de sistema para sobreviver.

Se não queremos nos iludir com as propostas utópicas nesta sociedade neoliberal, temos de tomar consciência das condições de viabilidade dos projetos de mudança para amanhã. Para viabilizá-las é preciso criar novos focos de atividade e de identidade que reativem a vida pública democrática. A. Touraine tem indicado ultimamente o caráter contraditório que envolve as políticas neoliberais. Em sua opinião, precisa-se agora mesmo de uma ativação da presença social.

Temos de ativar a *crítica social*. A melhor defesa das utopias do *status quo* é constituída pelo desfalecimento ideológico e pela cidadania abúlica. E, ao contrário, o que a ideologia dominante e solitária mais teme é o aparecimento da crítica prática. Trata-se, de um lado, como sugere Perry Anderson, de aprender com a própria estratégia neoliberal: com sua persistência para resistir ao tempo de deserto, mantendo-se firmemente em suas propostas. Segundo P. Anderson, o liberalismo e o neoliberalismo souberam agüentar o triunfo da "política social democrática" e ir se adaptando e oferecendo sua crítica e sua oferta. Por fim, terminaram emergindo. Hoje cabe à crítica neoliberal persistir no esforço de busca de alternativas e na crítica feita a partir de posições de debilidade. Uma crítica que, na opinião de U. Beck, deveria vir acompanhada da mobilização social, começando pelo simples acompanhamento e assessoramento profissional do cidadão a respeito dos riscos que o espreitam por trás das políticas sociais neoliberais.

Temos de ativar a *participação da cidadania*. Sem um aprofundamento democrático pela via da "pequena revolução cultural" da participação e da responsabilidade dos cidadãos, não haverá resistência ante o desmantelamento político-ideológico que o neoliberalismo acarreta. Isso supõe revalorizar os pequenos gestos e participações: descobre-se o gosto pela democracia praticando-a.

> "A desoladora situação atual da subclasse socialmente assistida tem sido considerada o mais grave problema social da época, e é também a ameaça mais grave à paz e à convivência civil a longo prazo.
> A vida nas grandes cidades poderia melhorar de modo geral, e só melhorará mediante a ação pública: com me-

lhores escolas e professores mais bem pagos, com serviços de assistência social sólidos e bem financiados, com assistência contra a dependência de drogas, com formação profissional, com investimento público na construção de moradias — o que a empresa privada não proporciona aos pobres em nenhum país industrializado —, com serviços de lazer adequadamente apoiados, com bibliotecas e polícia... Uma vez mais, e apesar do que diga certa retórica acomodatícia, o assunto não é o que se pode fazer, mas o que se pagará."[1]

Temos de manter e ativar a *compaixão solidária* como forma de levar em consideração responsavelmente a sociedade e de praticar a solidariedade eficaz com o outro desvalido. Não existe melhor antídoto prático para a desertificação do individualismo competitivo que o "choque" da compaixão solidária. Aqui se consideram não só as práticas de resistência social às atitudes neoliberais, mas também a cooperação com os movimentos sociais — desde a ajuda aos doentes de Aids até o trabalho pela integração dos imigrantes ou a militância na Anistia Internacional ou no Greenpeace —, que difundem uma sensibilidade contrária àquela difundida por todos os canais das práticas sociais dominantes.

O escritor alemão Günter Grass sugeriu que tal mobilização da cidadania contra o neoliberalismo deveria

---

1. J. K. Galbraith, *La cultura de la satisfacción*, Barcelona, Ariel, 1992, p. 186.

ser feita em nome da Constituição. É um apelo para despertar as consciências cidadãs adormecidas: aos jovens que se escondem atrás de seus medos; à geração de 68, que corre com a língua de fora atrás do espírito da época; àqueles que só se enfurecem da boca para fora; aos partidos que dormitam na oposição; aos movimentos que lutam para oferecer um sopro de novidade..., levando todos, com a mão levantada, a arma de nossa Lei fundamental.

Se não despertarmos a consciência cidadã, não se darão as condições para a recepção da utopia, que morrerá vítima da dessecação do ambiente.

2. Na sociedade neoliberal, poderemos ter fé?

O norte-americano Peter L. Berger, conhecido sociólogo da religião que flerta com as posições ideológicas neoliberais, disse em seu livro *Uma glória distante* que vivemos tempos de credulidade. É preciso buscar a fé nessa época de credulidade. São excessivamente abundantes as tendências de vários matizes que crêem com facilidade em qualquer coisa que apresente um pouco de mistério. Até os não-crentes de ontem, pós-modernos, descobrem o atrativo, a importância ou o sabor do sagrado. Voltamo-nos para a religião. J. B. Metz, no entanto, diagnosticou muito acertadamente: trata-se de uma religião sem Deus. Esta sociedade neoliberal prescinde do Deus bíblico e passeia por todos os cantos do sagrado, aspirando os odores neomísticos, neo-esotéricos, neopopulistas, neopagãos... É uma religiosidade que parece compensar os desmandos de um individualismo centrado em si e em suas necessidades. Quer voltar-se para dentro e para o mundo "místico", já que não tem nada a fazer, ou impõe o que tem de fazer ao mundo "exterior". Parece dizer: uma vez que não podemos mudar a realidade, mudemos nosso interior e o adaptemos ao real.

É necessário redescobrir o sagrado cristão antes de sermos presos pela "credulidade religiosa" que nos invade. A sacralidade cristã não é uma sacralidade qualquer, mas aquela que coloca o homem no centro. A religião de Jesus de Nazaré é a religião do homem. Aqui está o verdadeiro templo de nossa religião, o culto "em espírito e em verdade".

Entretanto, poderemos ser cristãos em meio a essa sociedade neoliberal do "elogio do lucro", da rentabilidade e da eficácia medidas em moeda corrente e sonante ou financeira?

O Evangelho esgota-se em meio a essa sociedade e cultura das relações mercantis e do consumismo. O culto da mercadoria devora todas as boas intenções; a gratuidade do amor naufraga ante o cálculo e a satisfação egocêntrica; a cegueira produzida pelo brilho do que existe impede de ver as carências que impelem para a melhora de amanhã; o centramento em si deixa ermo o espaço da solidariedade.

A revitalização evangélica é mais urgente do que nunca nesta sociedade neoliberal. Necessitamos de uma virada evangélica para ajudar a descobrir a autêntica universalidade que lateja em toda utopia verdadeiramente humana. A universalidade que a expansão tecnológica e neoliberal proclama e realiza ou se enche de respeito pelo homem ou avança para sua liquidação. Para isso, necessitamos de fiéis autênticos, isto é, fiéis no sagrado segundo Jesus de Nazaré.

Como recuperar essa tensão evangélica neste momento neoliberal?

Não é fácil dar uma resposta que ao mesmo tempo seja a solução do problema. Intuímos, contudo, que na pergunta há um apelo pessoal e institucional: sem revitalização da vivência pessoal e sem comunidades que testemunhem tanto a causa do homem como a causa de Deus, não há saída. A condição para essa revitalização é uma verdadeira imersão nas raízes do Evangelho, assim como uma expansão testemunhal e solidária rumo à sociedade como modo de presença real.

Questionário para trabalhar o texto
Para humanizar nossa sociedade

a) Você está de acordo com as medidas propostas para ativar a consciência cidadã atualmente? Quais medidas lhe parecem mais urgentes? Que outras atividades proporia?

b) Que obstáculos você percebe em si ou em seu grupo para viver a fé numa sociedade neoliberal? Como uma fé viva e crítica ajuda a superar tais obstáculos?

Utopia, sociedade e religião

Este breve panorama de utopias e contra-utopias em nossa sociedade atual nos permite afirmar a presença de um tom cultural neoliberal e pós-moderno de desfalecimento utópico, mas não de desaparecimento. A utopia não desaparece nem da sociedade nem do coração humano enquanto este estiver alentado com um mínimo de liberdade e de ânsias de libertação ou de salvação. Não causa estranheza — como tentamos sugerir — que a utopia mostre afinidades tanto no terreno político como no religioso. Utopia, sociedade e religião estão estreitamente relacionadas. Damo-nos conta disso ao observar as linhas de fundo que percorreram nossa exposição.

1. Utopia, sociedade e realidade

A utopia expressa, geralmente na forma do desejado e do ansiado, a insatisfação com a realidade social que vivemos. Por isso as utopias exprimem, como num espelho deformado, a verdadeira vida que está ausente. Desde Platão até Bacon, Moro ou Fourier, encontramo-nos com uma sociedade em crise ou com aspectos não-aceitáveis e que se deseja mudar.

A utopia apresenta, portanto, mediante o reverso da trama utópica, uma crítica ao social existente. Mostra, à contraluz do que poderia ser, aquilo que já não pode continuar sendo. A utopia é uma crítica social efetuada com os meios da imaginação do possível e do desejável.

A razão de escolher a forma utópica como modo de expressão pode estar radicada na periculosidade do poder ou no embotamento das consciências; trata-se de dizer de maneira indireta, elíptica, por meio da mobilização do desejo e da imaginação, aquilo que, de outro modo, se chocaria frontalmente contra a censura pública ou contra a própria consciência fechada do destinatário.

Daí o fato de a utopia lançar um desafio à realidade social, cultural, política, religiosa etc. a partir das expectativas do desejável e esperável. Mostra que a realidade não é simplesmente o que existe. Essa concepção "positivista" da realidade é reducionista e imobilista: faz da realidade um puro objeto acabado ou congelado, sem dinamismo nem abertura. Por isso víamos como contra-utopia toda tentativa de petrificar o dado e reduzi-lo a momento definitivo e encerrado. Vista a partir da utopia, a realidade é o que existe mais o possível inerente a ela.

No âmago da vigência da utopia lateja uma definição fundamental da realidade que a abre para o indefinido.

E por trás dessa compreensão da realidade apresenta-se a história como tempo da liberdade, como desfiladeiro dentro da realidade, aberto por definição. Por isso a fixação no *status quo* é a negação da realidade aberta e da história.

A utopia está próxima do pensamento crítico. É uma reflexão crítica sobre a realidade do presente efetuada com os meios das construções imaginativas e das esperanças postas em forma de sonhos diurnos.

> "O espírito da época moderna recebe impulsos de dois movimentos de pensamento contrários, mas dependentes um do outro e vinculados entre si: o espírito da época se acende na colisão do pensamento histórico com o pensamento utópico. À primeira vista, essas duas formas de pensamento parecem se excluir mutuamente. O pensamento histórico, carregado e saturado de experiência, parece chamado a criticar os projetos utópicos; e o transbordante pensamento utópico parece ter a função de iluminar espaços de possibilidade que apontam para mais além das continuidades históricas nas quais irrompe, quebrando-as. Na realidade, porém, a consciência moderna do tempo abre um horizonte no qual o pensamento histórico se funde com o utópico. Essa imigração das energias utópicas para a consciência histórica caracteriza o espírito da época moderna e a mentalidade que desde os dias da Revolução Francesa veio configurando o espaço público político dos povos modernos. Pelo menos assim parecia ser até ontem. Hoje, contudo, as coisas se passam como se as energias utópicas tivessem se consumido e abandonado o pensamento histórico. O horizonte utópico contraiu-se, e tanto o espírito da época

como a política sofreram uma transformação radical. O futuro parece carregado negativamente; no limiar do século XXI, esboça-se o panorama aterrador de alguns riscos que, em nível mundial, afetam os próprios interesses gerais da vida... No cenário intelectual, difunde-se a suspeita de que o esgotamento das energias utópicas não é somente sinal de um pessimismo cultural transitório, mas poderia ser sinal de uma mudança na consciência moderna do tempo. Talvez esteja se dissolvendo outra vez aquele amálgama de pensamento histórico e pensamento utópico; talvez esteja se transformando a estrutura do espírito da época moderna e a composição da política. Talvez a consciência histórica esteja se aliviando outra vez das energias utópicas assim como, em fins do século XVIII, com a secularização das utopias, as esperanças postas no além emigraram para o aquém, assim também hoje, dois séculos depois, as expectativas utópicas perdem seu caráter secular e assumem novamente forma religiosa... Não considero fundada essa tese segundo a qual estamos assistindo à irrupção de uma época pós-moderna. O que está mudando não é a estrutura do espírito da época, nem o modo de discussão sobre as possibilidades de vida no futuro; não é que as energias utópicas estejam se aliviando da consciência histórica. O que presenciamos é mais propriamente o fim de uma determinada utopia: a utopia que outrora se cristalizou em torno da 'sociedade do trabalho'."[1]

---

1. J. Habermas, *Ensayos políticos*, Barcelona, Península, 1988.

2. A ambigüidade e os perigos da utopia

A utopia, como tudo aquilo que é importante para o ser humano, está ameaçada permanentemente pela degradação e pela tergiversação.

A utopia torna-se desvairada quando se entrega sem mais nem menos ao sonho e à imaginação. Nem toda imaginação é utópica; há a imaginação controlada pela reflexão e pelo olhar crítico para a realidade inumana ou contraditória que vivemos. Do contrário, desembocamos em puros exercícios do desejo tão "deslocados" que, mais que dinamizar o pensamento e a ação para impulsionar a realidade, a adormecem na volúpia das quimeras e da pura fantasia. A má utopia transforma-se, então, em uma fábrica de vãs ilusões.

A utopia também é espreitada pelo perigo da substantivação ou da perspectiva concreta do futuro. Tal utopia é perigosa porque, mais que abrir a história, a fecha e conduz para totalitarismos mais ou menos mortais. Paralisa a realidade e reduz a comunidade humana a um conjunto de meros seguidores de um líder, de uma vanguarda, de um partido, de uma organização ou de uma ideologia que já tem as chaves da história e da sociedade do futuro e que, portanto, não necessita do exercício criativo da liberdade. É preciso levar em conta, como insistia permanentemente Horkheimer, que a utopia só pode ser definida negativamente: como o ainda não alcançado, como aquilo que não deve continuar nem prosseguir, como aquilo que se manifesta como inumano e contraditório... Entretanto, fica todo o leque do possível para ser explorado como caminhos de realização.

Por sua própria natureza, a utopia sempre se frustra. Por isso ronda-a constantemente o perigo de pretender legitimar-se mascarando-se sob algumas das variantes anteriores. Em qualquer delas, a utopia produz vítimas. Ou seja, tenta-se compensar a frustração da utopia — como bem soube ver R. Girard[2] — com a solução fácil de buscar "bodes expiatórios" e vítimas sacrificais. Em vez de se perguntar pelas causas do fracasso, pergunta-se por seus "culpados". Entramos no mundo mítico, que, traduzido sociopoliticamente, quer dizer o mundo das vítimas. Uma religião como a cristã, que aceita a autonomia do criado, jamais permitirá que se substituam as causas técnicas de qualquer gênero pelos culpáveis. A religião cristã, como se verá mais adiante, pode e deve funcionar como dessacralizadora das utopias e de sua tendência de perpetuar-se por meio das vítimas.

3. A utopia e o sagrado

A utopia toca suavemente a orla do Destino e do Mistério. Aponta para um futuro que "ainda não" teve lugar, que se abre para o ainda não disponível. No dinamismo dessa flecha até o futuro abre-se o desfiladeiro da Transcendência. É claro que isso não acontece necessariamente nem sempre; contudo, pelos confins da utopia circulam próximas as idéias religiosas ou se religio-

---

2. Cf. R. Girard, *Cuando empiecen a suceder estas cosas...*, Madri, Encuentro, 1996, pp. 16s.

sizam com facilidade as propostas. Temos tratado de indicar algo a esse respeito por meio do que ocorre em nosso mundo.

Talvez a razão última tenha sido apontada por E. Bloch ao indicar a raiz comum que a religião e a utopia têm na esperança. Se onde há esperança há religião, o mesmo deve-se dizer da utopia. Daí o fato de o pensamento utópico e o pensamento religioso morarem tão próximos, fecundarem-se mutuamente e também contaminarem-se com suas respectivas tergiversações.

A utopia mescla-se facilmente com a religião. Dessa proximidade podem nascer frutíferas mediações da esperança, no caso da religião, e impulsos utópicos sadios em tempos de secura cultural e social. Mas ambos podem enlouquecer-se mutuamente na forma de milenarismos, messianismos violentos ou misticismos evasivos ou quietistas. O espírito crente deve encarar criticamente essas perigosíssimas conseqüências da religiosização das utopias e da utopização da religião, conservando sempre a utopia no plano das mediações da esperança que, por sua vez, exigem as mediações das teorias sociais.

4. Critérios cristãos para julgar as utopias

A religião cristã traz uma série de critérios para a saúde da utopia. A utopia olha para o futuro, mas não deve perder de vista a lei da encarnação e da *kénosis* ou debilidade: aponta para um futuro, mas conhece a realidade dura, resistente, "pecaminosa" do presente.

Por isso toda utopia que não esteja consciente dessa lei encarnatória deve ser recusada como ilusória. A utopia se ergue da realidade vulgar e luta contra suas injustiças e insuficiências, mas é consciente do enorme peso que a prende à realidade, ao sistema social, à persistência do que aí está.

"Também os enunciados de esperança da escatologia cristã devem triunfar sobre a utopia petrificada do realismo, se quiserem manter viva a fé e conduzir a obediência no amor ao caminho que leva para a realidade terrena, corporal, social. Para eles o mundo está cheio de todo o possível, isto é, de todas as possibilidades do Deus da esperança. Esta considera a realidade e os homens como postos nas mãos daquele que, do ponto de chegada, diz à história: 'Vê, faço tudo novo', e dessa palavra de promessa escutada tira a liberdade para renovar a vida aqui de baixo e transformar a figura deste mundo."[3]

A utopia rebela-se em nome de uma mudança para melhor. No fundo, espera que o futuro não repita aquilo que não deve continuar nem prosseguir: o sofrimento evitável dos seres humanos. No âmago da utopia pulsa o messianismo da caridade. Espera que o futuro proporcione uma situação melhor para os pobres e para as vítimas atuais da história. W. Benjamin, a partir de sua sensibilidade judaica, já viu que a utopia vive mais do impulso da memória do sofrimento anterior que da esperança pura de um futuro melhor. São os sofrimentos das vítimas, de nossos antepassados, que nos im-

---

3. J. Moltmann, *Teología de la esperanza*, Salamanca, Sígueme, 1969, p. 32.

pelem a não repetir as condições que possibilitem a opressão e a dor evitável.

A tradução cristã desse messianismo foi chamada *memoria passionis* (J. B. Metz): a lembrança da paixão das vítimas da história, representadas na Cruz de Cristo. A partir daqui se considera a utopia como o esforço para transformar em verdade o impulso de compaixão efetiva que brota da memória das vítimas. A autenticidade dessa compaixão sempre desembocou em uma práxis de "caridade política", de esforço para mudar as situações e estruturas sociais que estão no fundo da produção das vítimas. Não é em vão que a utopia vê a fé a partir da situação dos pobres. Para o cristão, o critério da verdade da utopia passa pelas repercussões positivas que ela possa ter sobre os menos favorecidos e os mais pobres.

Nestes momentos neoliberais e competitivos, não devemos perder de vista esse critério, embora a carência de alternativas e a enorme penetração do sistema devam nos fazer austeros na hora de imaginar saídas. O melhor espírito utópico não será aquele que imagine o futuro com mais ilusão, mas aquele que o faça com mais eficácia em prol do advento de uma sociedade mais humana e onde todos tenham lugar, isto é, os mais pobres e desvalidos.

Questionário para trabalhar o texto
Reflexões sobre utopia, sociedade e religião

a) A utopia está sempre aliada à crítica social? Não existe grande ambigüidade na utopia? Quais são a força e a fraqueza da utopia?

b) A utopia está próxima da religião? Por quê? Que elementos positivos e negativos uma pode trazer para a outra?
c) A fé cristã está vinculada a utopias sociais?
d) Que contributo a fé cristã pode dar para depurar a utopia? E que contributo a utopia pode dar para a fé cristã? Pode-se pensar uma fé livre de utopias? Isso seria positivo ou negativo?
e) Sua fé tem algumas mediações utópicas? Quais? Como essas utopias potencializam ou prejudicam sua fé?

DISTRIBUIDORES DE EDIÇÕES LOYOLA

AMAZONAS

PAULINAS
Av. 7 de setembro, 665
Te.: (092) 233-5139 • Fax: (092) 633-4017
69010-080 **Manaus**, AM

BAHIA

DISTR. BAIANA DE LIVROS COM. E REPR. LTDA.
Rua Clóvis Spínola, 40
Orixás-Center loja II – Pav. A
Telefax: (071) 329-1089
40080-240 **Salvador**, BA

LIVRARIA E DISTRIB. MULTICAMP LTDA.
Rua Direita da Piedade, 203 – Piedade
Telefax: (071) 329-0109
40070-190 **Salvador**, BA

EDITORA VOZES LTDA.
Rua Carlos Gomes, 698A
Conjunto Bela Center – Loja 2
Telefax: (071) 322-8666
40060-410 **Salvador**, BA

PAULINAS
Av. 7 de Setembro, 680 – São Pedro
Tel.: (071) 243-2477 / 243-2805 • Fax: (071) 321-5133
40110-001 **Salvador**, BA

BRASÍLIA

EDITORA VOZES LTDA.
CRLNorte – Q. 704 – Bloco A n.15
Tel.: (061) 223-2436 • Fax: (061) 223-2282
70730-516 **Brasília**, DF

LETRAS E LÁPIS
CLRN 704 Bloco E Loja 21
Tel.: (061) 326-1684 • Fax: (061) 326-5414
70730-556 **Brasília**, DF

PAULINAS
Bl. C – Lojas 18/22 – SCS – Q. 05
Tel.: (061) 225-9595 / 225-9664 / 225-9219
Fax: (061) 225-9219
70300-909 **Brasília**, DF

PAULINAS
Rua CNB, 13 – Lote 5 – Loja 1
Tel.: (061) 352-2625
72115-135 **Taguatinga**, DF

CEARÁ

EDITORA VOZES LTDA.
Rua Major Facundo, 730
Tel.: (085) 231-9321 • Fax: (085) 221-4238
60025-100 **Fortaleza**, CE

PAULINAS
Rua Major Facundo, 332
Tel.: (085) 226-7544 / 226-7398 • Fax: (085) 226-9930
60025-100 **Fortaleza**, CE

ESPÍRITO SANTO

"A EDIÇÃO" LIVRARIA E DISTRIBUIDORA
Rua Nestor Gomes, 21
Ed. Anchieta – Cx. P. 1256
Tel.: (027) 223-8546 / 223-4777
29015-150 **Vitória**, ES

"A EDIÇÃO" LIVRARIA E DISTRIBUIDORA
Av. Marechal Campos, 310 - Lourdes
Tel.: (027) 200-2780 • Fax: (027) 223-5690
29040-090 **Vitória**, ES

PAULINAS
Rua Barão de Itapemirim, 216
Tel.: (027) 223-1318 • Fax: (027) 222-3532
29010-060 **Vitória**, ES

GOIÁS

LIVRARIA ALTERNATIVA
Rua 21, n. 61
Telefax: (062) 224-9358
74030-070 **Goiânia**, GO

LIVRARIA EDITORA CULTURA GOIÂNA LTDA.
Av. Araguaia, 300
Tel.: (062) 229-0555 • Fax: (062) 223-1652
74030-100 **Goiânia**, GO

MARANHÃO

PAULINAS
Rua de Santana, 499 – Centro
Tel.: (098) 221-5026 • Fax: (098) 232-2692
65015-440 **São Luís**, MA

MATO GROSSO

MARCHI LIVRARIA E DISTRIBUIDORA LTDA.
Av. Getúlio Vargas, 381 – Centro
Tel.: (065) 322-6809 / 322-6967 • Fax: (065) 322-3350
78005-600 **Cuiabá**, MT

MINAS GERAIS

EDITORA VOZES LTDA.
Rua Sergipe, 120 – B. Funcionários
Telefax: (031) 226-9010
30130-170 **Belo Horizonte**, MG

EDITORA VOZES LTDA.
Rua Tupis, 114
Tel.: (031) 273-2538 • Fax: (031) 222-4482
30190-060 **Belo Horizonte**, MG

EDITORA VOZES LTDA.
Rua Espírito Santo, 963
Telefax: (032) 215-8061
36010-041 **Juiz de Fora**, MG

ACAIACA DISTR. DE LIVROS LTDA.
Rua Itajubá, 2125
Tel.: (031) 481-1910
31035-540 **Belo Horizonte**, MG

ACAIACA DISTR. DE LIVROS LTDA.
Rua 129, nº 384 – Sta. Maria
Telefax: (031) 848-3225
35180-000 **Timóteo**, MG

ACAIACA DISTR. DE LIVROS LTDA.
Rua João Lustosa, 15/201 – Lourdes
Telefax: (032) 235-2780
36070-720 **Juiz de Fora**, MG

PAULINAS
Av. Afonso Pena, 2.142
Tel.: (031) 261-6623 / 261-7236 • Fax: (031) 261-3384
30130-007 **Belo Horizonte**, MG

Rua Curitiba, 870
Tel.: (031) 224-2832 • Fax (031) 224-2208
30170-120 **Belo Horizonte**, MG

PAULINAS
Rua Januária, 552
Tel.: (031) 444-4400 • Fax: (031) 444-7894
31110-060 **Belo Horizonte**, MG

PARÁ

PAULINAS
Rua Santo Antonio, 278 – Bairro do Comércio
Tel.: (091) 241-3607/ 241-4845 • Fax: (091) 224-3482
66010-090 **Belém**, PA

PARANÁ

EDITORA VOZES LTDA.
Rua Dr. Fauvre, 1271 – Centro
Tel.: (041) 264-9112 • Fax: (041) 264-9695
80060-140 **Curitiba**, PR

EDITORA VOZES LTDA.
Rua Voluntários da Pátria, 41 – Centro
Tel.: (041) 233-1570
80020-000 **Curitiba**, PR

EDITORA VOZES LTDA.
Rua Piauí, 72 – Loja 1
Telefax: (043) 337-3129
86010-390 **Londrina**, PR

A. LORENZET DISTRIBUIDORA E COMÉRCIO
DE LIVROS LTDA.
Av. São José, 587 loja 03
Tel.: (041) 262-8992
80050-350 **Curitiba**, PR

EXPRESSÃO CULTURAL LIVR. E PAPELARIA
Rua Alfredo Bufreu, 139 – Loja 5 – Centro
Telefax: (041) 224-2994
80020-000 **Curitiba**, PR

PAULINAS
Rua Voluntários da Pátria, 225
Tel.: (041) 224-8550 • Fax: (041) 226-1450
80020-000 **Curitiba**, PR

PAULINAS
Av. Getúlio Vargas, 276
Tel.: (044) 226-3536 • Fax: (044) 226-4250
87013-130 **Maringá**, PR

PERNAMBUCO, PARAÍBA ALAGOAS, RIO GRANDE DO NORTE E SERGIPE
EDITORA VOZES LTDA.
Rua do Príncipe, 482 – Boa Vista
Tel.: (081) 423-4100 • Fax: (081) 423-4180
50050-410 **Recife**, PE

PAULINAS
Rua Joaquim Távora Alegria, 71
Tel.: (082) 326-2575 • Fax: (082) 326-6561
57020-320 **Maceió**, AL

PAULINAS
Av. Norte, 3.892
Tel.: (081) 441-6144 • Fax: (081) 441-5340
52110-210 **Recife**, PE

PAULINAS
Rua Frei Caneca, 59 – Loja 1
Tel.: (081) 224-5812 / 224-5609 • Fax: (081) 224-9028
50010-120 **Recife**, PE

PAULINAS
Rua Felipe Camarão, 649
Tel.: (084) 212-2184 • Fax: (084) 212-1846
59025-200 **Natal**, RN

RIO GRANDE DO SUL
EDITORA VOZES LTDA.
Rua Riachuelo, 1280
Tel.: (051) 226-3911 • Fax: (051) 226-3710
90010-273 **Porto Alegre**, RS

EDITORA VOZES LTDA.
Rua Ramiro Barcelos, 386
Tel.: (051) 225-4879 • Fax: (051) 225-4977
90035-000 **Porto Alegre**, RS

Eco Livraria e Dist. de Livros
Rua Cel. Ilário Pereira Fontes, 138/202
Tel.: (051) 485-2417 • Fax: (051) 241-2287
91920-220 **Porto Alegre**, RS

PAULINAS
Rua dos Andradas, 1.212
Tel.: (051) 221-0422 • Fax: (051) 224-4354
90020-008 **Porto Alegre**, RS

RIO DE JANEIRO
ZÉLIO BICALHO PORTUGAL CIA. LTDA.
Av. Presidente Vargas, 502 – 17º andar
Telefax: (021) 233-4295 / 263-4280
20071-000 **Rio de Janeiro**, RJ

EDITORA VOZES LTDA.
Rua Senador Dantas, 118-I
Tel.: (021) 220-8546 • Fax: (021) 220-6445
20031-201 **Rio de Janeiro**, RJ

EDITORA VOZES LTDA.
Rua Elvira Machado, 5 – Botafogo
Tel.: (021) 224-0864 • Fax: (021) 252-6678
22280-060 **Rio de Janeiro**, RJ

PAULINAS
Rua 7 de Setembro, 81-A
Tel.: (021) 224-3486 • Fax: (021) 224-1889
20050-005 **Rio de Janeiro**, RJ

PAULINAS
Rua Doutor Borman, 33 – Rink
Tel.: (021) 717-7231 • Fax: (021) 717-7353
24020-320 **Niterói**, RJ

RONDÔNIA
PAULINAS
Rua Dom Pedro II, 864
Tel.: (069) 223-2363 • Fax: (069) 224-1361
78900-010 **Porto Velho**, RO

SÃO PAULO
DISTRIBUIDORA LOYOLA DE LIVROS LTDA.
Rua Senador Feijó, 120
Telefax: (011) 232-0449
01006-000 **São Paulo**, SP

DISTRIBUIDORA LOYOLA DE LIVROS LTDA.
Rua Barão de Itapetininga, 246
Tel. (011) 255-0662 • Fax: 256-8073
01042-001 **São Paulo**, SP

DISTRIBUIDORA LOYOLA DE LIVROS LTDA.
Rua Quintino Bocaiúva, 234 – centro
Tel.: (011) 3105-7198 • Fax: (011) 232-4326
01004-010 **São Paulo**, SP

DISTRIBUIDORA LOYOLA DE LIVROS LTDA. ATACADO
Rua Conselheiro Ramalho, 692/694 – Bela Vista
Tel.: (011) 287-0688 • Fax: 284-7651
01325-000 **São Paulo**, SP

EDITORA VOZES LTDA.
Rua Senador Feijó, 158/168
Tel.: (011) 3105-7144 • Fax: (011) 607-7948
01006-000 **São Paulo**, SP

EDITORA VOZES LTDA.
Rua Haddock Lobo, 360
Tel.: (011) 256-0611 / 256-2831 • Fax: (011) 258-2841
01414-000 **São Paulo**, SP

EDITORA VOZES LTDA.
Rua Barão de Jaguara, 1164/1166
Tel.: (0192) 31-1323 • Fax: (0192) 34-9316
13015-002 **Campinas**, SP

PAULINAS
Rua Domingos de Morais, 660
Tel.: (011) 572-4051 – R. 213/ 214 • Fax: (011) 549-9772
04010-100 **São Paulo**, SP

PAULINAS
Rua 15 de Novembro, 71
Tel.: (011) 606-4418/ 606-0602/ 606-3535 • Fax: (011) 606-3535
01013-001 **São Paulo**, SP

PAULINAS
Via Raposo Tavares, km 19,5
Tel.: (011) 810-1444 • Fax: (011) 810-0972
05577-200 **São Paulo**, SP

PAULINAS
Av. Marechal Tito, 981 – São Miguel Paulista
Tel.: (011) 956-0162
08020-090 **São Paulo**, SP

SERGIPE
LIVRARIA KYRIE
Av. Augusto Maynard, 543 – S. José
Tel.: (079) 224-6279 / Fax: (079) 224-5837
49015-380 **Aracaju**, SE

PORTUGAL
MULTINOVA UNIÃO LIV.CULT.
Av. Santa Joana Princesa, 12 E
Fax: 848-3436 / 842-1820
1700 **Lisboa**, Portugal

LIVRARIA LER LTDA
Rua 4 de infantaria, 18-18A
Tel.: 388-8371 / 390-6996
1350 **Lisboa**, Portugal

Se o(a) senhor(a) não encontrar este ou qualquer um de nossos títulos em sua livraria preferida ou em nosso distribuidor, faça o pedido por reembolso postal diretamente a:

Edições Loyola
Rua 1822 nº 347 – Ipiranga – 04216-000 São Paulo, SP
C.P. 42.335 – 04299-970 São Paulo, SP / ✆ (011) 6914-1922/ Fax: (011) 6163-4275
Home page e vendas: www.loyola.com.br
e-mail: loyola@ibm.net

Edições
Loyola

RUA 1822, 347
IPIRANGA
SÃO PAULO SP
IMPRESSÃO